AF563562

FOUILLES

EXÉCUTÉES

A LA MOTTE SEIGNEURIALE DE BAUDEMENT

(MARNE)

PAR LES SOINS

DE

M. L. BONNEFONT

Professeur d'Histoire au lycée Fontanes

ET DE

M. H. de VIVÈS

Bibliothécaire à la bibliothèque Sainte-Geneviève.

DIRECTEUR DES TRAVAUX,

M. GARDEBLED, piqueur au chemin de fer de l'Est.

PARIS

A. DERENNE, ÉDITEUR

52, boulevard Saint-Michel, 52.

1875

A MONSIEUR H. DE VIVÈS

BIBLIOTHÉCAIRE A LA BIBLIOTHÈQUE SAINTE-GENEVIÈVE.

Paris, 2 Janvier 1875.

Mon cher ami,

Vous avez bien voulu suivre avec moi les fouilles que j'ai entreprises au village de Baudement. Vous saviez quels souvenirs me poussaient à chercher le secret enseveli, depuis des siècles, sous cette belle butte boisée qui s'élève à l'extrémité de Baudement, entre la route d'Anglure et le cours tranquille de l'Aube. Je n'étais pas trop séduit par la légende populaire qui donnait à cette butte le nom pompeux de tumulus *et le traduisait par ce nom plus sonore encore de* tombeau du Roi. *Je ne comptais guère y trouver le squelette gigantesque,* grandia ossa, *de Cyrénéus le Romain ou de Théodoric le Goth. Mais j'avais bien des fois, pendant plus de trente ans de si bonne amitié, visité* la butte *avec notre cher et regretté Jules Thiénot. L'éloquent et savant professeur que ne peuvent oublier ni le lycée Charlemagne, ni l'Ecole Normale, ni tant d'amis, était chaque fois saisi d'un vif désir de pénétrer cette terre amassée et le mystère si bien gardé. Son admirable mémoire lui rappelait aussitôt les textes des historiens de la bataille des Champs Catalauniques, prouvant que cette mêlée immense avait dû s'étendre jusqu'au confluent de l'Aube et de la Seine, que les Goths avaient poursuivi de ce côté les hordes d'Attila, que peut-être...*

Vous vous rappelez les déductions de cette imagination ardente, servie par la science la plus précise et par une intuition lumineuse. Nous regrettions tous qu'aucun de nous ne fût assez riche pour satisfaire sa curiosité et la nôtre; mais on ne s'enrichit pas à étudier Jornandez ou Grégoire de Tours ou même des chroniqueurs plus modernes. Notre ami nous a été enlevé sans savoir que sa parole avait fait un autre prosélyte. Je vous ai dit quel protecteur généreux de toute entreprise féconde pour la science et pour les arts, se souvenant d'avoir entendu parler par notre ami de la butte de Baudement, me confia la modeste mission qu'il n'était plus temps de lui donner à lui-même. Arrêté longtemps par les hésitations d'un propriétaire, qui craignait à la fois de lâcher un trésor inconnu et de manquer une bonne affaire, et qui aurait bien voulu garder l'un et l'autre, j'ai pu arriver au terme; le secret est connu et il n'est pas sans valeur. Je n'ai pas dépensé en pure perte l'argent de Mécène ni les loisirs que m'avait faits la nécessité de quitter ma chaire, où je succombais sous une tâche trop lourde. Je pouvais ne plus penser à mes prédécesseurs tués avant l'âge par le même fardeau, et je commençais à comprendre la retraite prudente de collègues et amis plus heureux vers d'autres travaux. Je vous remercie, mon cher de Vivès, du concours que vous m'avez apporté dans mes nouvelles préoccupations. Votre expérience m'était devenue indispensable du jour où je rencontrais, non pas un tombeau, mais des ruines féodales. Je viens de lire la note très-complète, précise et simple, que vous avez pris la peine de rédiger sur nos recherches communes. Je la signe des deux mains avec vous et l'approuve de tout point. Je n'ai rien à y ajouter. J'ai voulu seulement, en préface, payer, à qui de droit, une double dette de reconnaissance. C'était notre premier devoir.

A vous cordialement,

L. BONNEFONT.

Professeur d'Histoire au lycée Fontanes de Paris.

FOUILLES

EXÉCUTÉES

A LA MOTTE SEIGNEURIALE DE BAUDEMENT

(MARNE)

Par les soins de **M. L. BONNEFONT,** professeur d'Histoire au Lycée Fontanes
et de **M. H. de VIVÈS,** bibliothécaire à la bibliothèque Sainte-Geneviève.
(Directeur des Travaux : M. GARDEBLED, piqueur au chemin de fer de l'Est).

I.

La Motte seigneuriale de Baudement, appelée improprement le *Tumulus*, est située à l'extrémité du village de Baudement, du côté qui regarde Anglure, en amont du cours de l'Aube. Elle domine à la fois la route d'Anglure qu'elle limite et le cours de la rivière, qu'elle semble toucher. Du faîte on aperçoit, à gauche, Anglure et son île baignée par l'Aube, en face la plaine de Saint-Just, aujourd'hui coupée par le chemin de fer, à droite, au-dessous de Baudement, Marcilly et Romilly.

Les fouilles, dont nous voulons rendre compte, ont été commencées au mois de novembre 1873, interrompues par l'hiver, reprises et terminées au mois de mai 1874. Elles représentent quatre mois de travail suivi par cinq ouvriers et un chef de travaux.

Les résultats sont d'un grand intérêt et tout-à-fait nouveaux pour l'histoire de la construction des forteresses au IXe et au Xe siècles. Les ruines trouvées appartenaient à une forteresse. Baudement était une petite baronnie de Champagne, qui releva un temps de l'évêque de Troyes.

En rapprochant ces résultats acquis d'un fragment de texte que nous avons retrouvé dans le deuxième volume des Bollandistes, nous reconnaissons que les chiffres et les mesures donnés par ce texte authentique concordent merveilleusement avec les découvertes et les observations que nous avons faites sur le terrain.

En outre nous sommes conduits à pouvoir affirmer, par cet exemple, que la figuration des châteaux représentés sur la fameuse tapisserie de Bayeux, est parfaitement exacte et scrupuleuse.

II.

Les faits nouveaux que nous avons acquis à l'archéologie des châteaux du IXe siècle et du Xe, sont :

La présence d'une sorte de béton composé de craie écrasée, mouillée, réduite en bouillie, mêlée avec du petit gravier, pilonnée, formant une masse très-compacte et très-dure à entamer.

L'existence d'une plate-forme régulière, assise sur le tuf et construite avec ce béton. Elle a 60 à 65 centimètres de diamètre ; elle était destinée à niveler le terrain, à asseoir la motte, la construction et les talus de défense.

Le mode de construction de la motte entière à sa base, outre l'existence de la plate-forme : Elle était bâtie en béton comprimé sur une hauteur de cinq mètres et demi environ et sur un diamètre de 40 mètres à la base.

L'existence de talus, d'une forme ingénieuse et compliquée. Ces talus, d'une largeur de 10 mètres à leur base, sur une hauteur de 2 à 3 mètres, forment ceinture autour de la butte, dont ils sont séparés par un intervalle de 2 mètres et demi à 4 mètres ; ils étaient destinés à défendre les fossés, qui eux-mêmes protégeaient la motte fortifiée ; ces fossés, ont été comblés par l'abaissement de la butte et les couches de terre y semblent de date plus récente, de formation non calculée, due au hasard ; des détritus de toutes sortes, des os d'animaux, des cendres même s'y mêlent sur plusieurs points.

L'importance extrême de la forteresse, qui présentait, à ses fondations, des dimensions en carré, de près de 15 mètres de côté avec une épaisseur de murailles de 2 mètres et demi.

La profondeur extraordinaire à laquelle les murailles étaient enterrées dans la motte (8 à 10 mètres). Les murs émergeants étaient vraisemblablement d'une hauteur au moins égale, ce qui supposerait des constructions de 16 à 20 mètres et plus, en élévation.

Un château de cette époque se composait d'une seule et unique construction, et ces forteresses ne pouvaient pas se prêter aux remaniements, accroissements et transformations réclamés par des exigences particulières et par des nécessités de défenses nouvelles en usage aux siècles postérieurs. Ne pouvant les modifier, on n'avait point d'autre parti à prendre que de les démolir pour en utiliser les matériaux. C'est pour ce motif qu'il ne reste presqu'aucune trace des châteaux de ce temps.

La construction des châteaux nouveaux avec donjon, enceinte bâtie, renfermant de nombreux logements, défendue de tourelles, avec poternes, dut se faire lentement, et les anciennes forteresses à motte persistèrent deux, trois siècles au moins.

Aussi la tapisserie de Bayeux, dessinant sommairement des forteresses de son temps, ne prouve pas qu'on n'avait pas commencé à adopter une nouvelle architecture militaire. Et de même l'hagiographe du commencement du XIIIe siècle que nous citerons, décrivant minutieusement les châteaux à motte, prouve uniquement qu'il en existait encore de son temps et communément.

La construction des forteresses à mottes coûtait des sommes énormes. Les hommes spéciaux que nous avons consultés, devant les ruines de la motte de Baudement, nous ont affirmé, et prouvé par des devis détaillés, qu'un semblable travail de construction et de remblai, entrepris de nos jours, ne coûterait pas moins de sept à huit cent mille francs. Il faut se souvenir qu'en prenant pour étalons les marchandises les plus répandues, le pain, le bœuf, le cheval, on trouve, par proportion, que les prix ouvriers étaient au moins aussi élevés qu'aujourd'hui, à toutes les époques de notre histoire. Chez nous les Pharaons se seraient ruinés à construire les Pyramides, ou ne les auraient jamais terminées.

Pour ne rien exagérer, et préférant demeurer au-dessous de la vérité, nous n'avons, dans notre coupe de restitution, monté la motte qu'à 12 mètres, bien qu'à Baudement elle ait 15 mètres encore de hauteur, depuis la base du bétonnage, des talus et de la motte sur la ligne moyenne. On ne saurait nier que le temps a pour effet d'abaisser le faîte des monticules et non de les élever. De plus la butte s'inclinant aujourd'hui du côté de la rivière, il est probable que les terres de la pente et de la base ont pu être entraînées et diminuées par les pluies et des causes diverses, surtout au temps où elles n'étaient point boisées comme aujourd'hui. Les textes dont nous allons faire usage nous autoriseraient à lui attribuer 4 ou 5 mètres de plus en élévation.

Le document écrit que nous examinerons tout à l'heure nous apprend que le pont partant du côté extérieur pour monter au château, avait au milieu une hauteur de 35 pieds, soit 12 mètres, au-dessus des fossés. Ces mesures nous permettent, à l'aide d'autres renseignements, de connaître les dimensions des mottes seigneuriales et de leur forteresse.

III.

Notre sujet étant ainsi précisé, examinons les fouilles exécutées (1).

Avant que nous eussions nous-même visité la motte de Baudement, M. Bonnefont à la suite d'un examen attentif, persuadé qu'on trouverait au centre et peut-être à une grande profondeur, le secret cherché, avait décidé l'attaque sur le flanc regardant Anglure entre la route et la rivière. On devait ouvrir, au niveau du sol, une galerie large d'un mètre et demi, haute de

(1) N. B. Les plans et coupes qui sont joints à ce travail représentent : 1, 2 et 3 les travaux matériels exécutés sur le terrain ; 4 à 8 des documents et des coupes et plans de restitution. Nous y joignons une échelle de proportion.

deux mètres, qui traverserait la motte jusqu'au centre ; de là on pourrait, par des galeries semblables, rayonner sur les côtés et ne laisser échapper aucun point sans l'explorer. M. Bonnefont croyait encore à l'existence probable d'un tombeau. Mais dès le début la rencontre de cette espèce de béton crayeux que nous avons décrit, formant une sorte de muraille épaisse et résistante, fut un avertissement qu'il aurait sans doute affaire à une découverte différente de celle qu'il avait présumée.

Appelé au milieu de ce premier travail, nous avons pu reconnaître, d'accord avec M. Bonnefont, qui renonçait volontiers à sa première espérance pour en concevoir une autre, que ce béton crayeux formait des talus de défense. Il nous fut très-facile d'en reconnaître la base et d'en lever la coupe (V. P. n° 2.). Les ouvriers continuant leur galerie et pouvant l'étayer fortement à mesure qu'ils avançaient, grâce aux troncs d'arbres coupés sur le terrain même, tombaient ensuite sur des terres remblayées, moins consistantes, et après une longueur de quelques mètres, rencontraient une nouvelle muraille en béton de craie et gravier.

Ce béton est excessivement dur à creuser, beaucoup plus résistant que le tuf des rognons calcaires. Trois terrassiers pouvaient à peine faire, par journée, un mètre de galerie large au plus d'un mètre et demi, haute de moins de deux mètres. Il fallait travailler à la lumière et le défaut d'air commençait à rendre les efforts plus pénibles et plus lents.

Cette seconde enceinte franchie enfin, nous allions bientôt toucher le centre. Le brave Gardebled, vieux soldat qui semblait livrer une bataille et y apportait une ardeur enthousiaste, nous jeta tout à coup dans une vive émotion. C'était le cri de joie d'Archimède. Une dernière épaisseur rendait un son creux et sourd, qui annonçait un espace vide. M. Bonnefont, malgré le froid et la pluie, nous enleva de Paris, un samedi soir et le lendemain matin nous nous glissions dans l'étroite galerie. Notre cher Docteur Davesnes, qui est natif des environs, nous avait suivis, non par crainte pour nos jours, mais par une curiosité vieille comme la nôtre.

Un coup de pioche dignement récompensé venait de donner accès dans une grande chambre ou cave vide, large de 4 mètres, haute de 5 environ. Elle était creusée dans le même béton que nous avions traversé si péniblement ; mais elle semblait creusée depuis un temps relativement récent. Nous cherchions un monument des vieux âges ; nous rencontrions une cachette du siècle dernier ou de celui-ci. Aucun doute n'était possible ; nous y ramassions 2 ou 3 pièces de menue monnaie du XVIIIe siècle, dont une pièce hongroise, et divers débris de date aussi moderne.

Le mystère fut bientôt expliqué. Des éboulements nous avaient déjà révélé les traces de fouilles tentées antérieurement aux nôtres et dont plusieurs personnes vieillies dans le village nous avaient parlé assez vaguement. Nous avions ainsi découvert une sorte de boyau étroit, situé au-dessus de notre galerie, dans la même direction, et dans lequel un homme un peu maigre pouvait se glisser et passer. Ainsi devait être fait le couloir à renard par lequel le fameux Aristomène se sauva du gouffre où l'avaient jeté les Spartiates. Ce boyau aboutissait à notre cave, à trois mètres au-dessus de notre sol ferme. Un de nos ouvriers tenta aussitôt l'expédition et reparut à l'extrémité opposée. La modestie de ma corpulence me permit d'en faire autant.

Il nous était prouvé que les auteurs de cette tentative avaient, comme nous, cherché le centre de la butte, peut-être par la même curiosité archéologique; ce qui prouve que le sommet en était à cette époque au même point qu'aujourd'hui; arrivés là ils y avaient creusé dans le béton cette grande cave, qui avait peut-être, pendant les terreurs de la fin du siècle dernier, ou pendant l'invasion de 1814, servi de refuge à des peureux ou à des proscrits. On le disait depuis longtemps, la butte de Baudement ne manquait pas de légendes, même de celles qui encouragent les chercheurs de trésors. Nous avons pu constater d'ailleurs que cette retraite était habitable et avait dû être habitée; nous avons retrouvé la cheminée d'aération habilement dissimulée qui y conduisait l'air extérieur. Ce n'était pas un séjour enviable, mais sa nature le rendait sûr et la sécheresse du béton le défendait assez bien de l'humidité.

IV.

Devions-nous, comme nos prédécesseurs, nous en tenir là et nous avouer battus par ce monument trop discret qui se défendait si bien. Sur un autre point encore nous trouvions une autre invitation au découragement. La butte avait été attaquée sur deux autres points, à la face regardant la rivière, et à la face opposée, sur la route; partout les travaux commencés avaient été abandonnés. Nous-mêmes, à l'extrémité où notre galerie eût abouti si elle avait traversé la motte de part en part, nous n'avions dans un sondage trouvé que le béton qui semblait l'entourer dans toute sa circonférence.

Mais si les autres avaient désespéré, n'était-ce pas une raison pour espérer encore? celui-là seul pouvait dire au tumulus « tu n'es qu'un nom et un fantôme » qui ne laisserait aucun refuge à son silence obstiné. Le brave Gardebled d'ailleurs avait fait sa chose de notre entreprise ; il ne voulait pas s'en aller; renvoyé il demandait à revenir, il revenait de lui-même. En fouillant les parois de la fameuse cave, il rencontra tout à coup une matière plus dure encore ; l'acier même s'y émoussait. C'était de la pierre cette fois, peut-être du granit. Il alla aussitôt commander à Sézanne des outils spéciaux, et revint plus implacable que jamais. A grands efforts, quelques pierres descellées, soulevées, arrachées, laissèrent voir une nouvelle ouverture et enfin une véritable muraille. Une galerie déblayée à l'extérieur de cette muraille, vint aboutir en face de la rivière, une autre creusée en remontant parallèlement à notre première galerie et deux mètres au-dessus, découvrit le côté intérieur d'une muraille semblable. Quelques taches de rouille indiquaient que du fer peut-être avait été mêlé à la construction. L'intérieur, dans le triangle formé par les deux murailles visibles, était comblé de terres rapportées, de béton et de détritus où l'on trouvait même de la cendre.

Nous rencontrions donc une grande construction ensevelie, qui n'avait ni la forme ni les proportions d'un tombeau ; pas de cadavre, pas d'armures ; mais tous les souvenirs d'un âge disparu. C'était l'enceinte de la forteresse d'une motte seigneuriale de la plus haute féodalité.

Dans le second espace libre, qui nous avait permis de découvrir les murailles, nous avons reconnu une grande cuve dans laquelle avait été probablement gâché le mortier nécessaire à la construction de la forteresse, et noyée ensuite dans le béton que l'on continua à entasser autour des fondations, pour l'assise générale de la motte.

Nous pouvons, par une suite d'inductions sérieuses et plausibles, nous représenter tout le travail des constructeurs de la forteresse de Baudement. L'emplacement où elle s'élevait est séparé du cours de l'Aube par une distance de 25 à 30 mètres. C'est un plan incliné qui s'abaisse assez rapidement vers la berge de la rivière. Les ouvriers durent nettoyer complétement un espace circulaire de 60 mètres de diamètre, enlevant les terres meubles et cherchant pour assise le tuf calcaire. Ils nivelèrent en construisant une plate-forme régulière faite de béton, pour asseoir les talus de défense. Ils construisirent également pour la motte une base de béton haute de cinq mètres et demi sur un diamètre de quarante mètres. Alors ils construisirent la forteresse.

Les sondages faits du côté de la rivière, au point P (coupes et plans des planches n° 1 et 2, fig. 1 et 4), nous ont permis de vérifier ces faits.

Le béton qui forme la base de la motte et celui des talus de défense et du nivellement de la plate-forme, représente une masse d'au moins deux mille mètres cubes.

Les talus de défense de la forme particulière qu'on remarque à la planche n° 3, ont dix mètres de large sur deux mètres et demi environ de hauteur. Ils sont aujourd'hui couverts de terres éboulées, mais leur forme et l'intervalle qui les sépare de la motte bétonnée indiquent leur usage d'une manière indiscutable ; il est démontré qu'ils précédaient et protégeaient des fossés aujourd'hui comblés, mais nettement accusés par l'intervalle séparant les deux ouvrages. Ces talus, qui forment une ceinture de 65 mètres autour de la motte, ne peuvent évidemment avoir eu d'autre usage que celui-là. Si l'on voulait supposer qu'ils étaient destinés à soutenir et à contre butter les terres de la motte, il suffirait d'en regarder les plans et coupes pour reconnaître leur parfaite inutilité dans cette hypothèse.

La ligne des talus faisant face à la rivière, au point E du plan n'existe plus parce que ce côté de la motte a été entamé pour la construction de masures de paysans. Aussi est-ce le côté où la forme en est moins régulière, et où les pierres de la forteresse découvertes à fleur de terre semblent plus proches de la limite apparente.

La forteresse est un rectangle de 14 m. 80 c. sur 13 m. 30 c. Des contreforts arrondis indiquent le côté où était placée l'entrée. Ses murailles sont épaisses de 2 m. 50 c. Ses fondations, au lieu de reposer sur ce tuf résistant des rognons calcaires, sont noyées dans la masse énorme de béton qui forme la base de la motte.

Entre les assises de ces fondations et le tuf, il existe une couche de béton haute de plus de trois mètres (V. les planches n°s 4 et 5).

Les murs ont été découverts jusqu'à une hauteur de trois mètres. Ils sont construits en gros moellons de calcaire dur, siliceux, reliés entre eux par un ciment qui a acquis une dureté extraordinaire. C'est contre ce ciment que nos ouvriers émoussaient leurs outils les mieux trempés.

Dans l'intérieur des fondations on peut observer un carré de trois mètres de largeur, dont les murs servaient peut-être à entourer un puits; nous n'avons rien fait pour vérifier cette conjecture.

Dans l'intérieur de la construction nous avons trouvé une assez grande quantité de tuiles cassées, ayant les dimensions et la forme de tuiles romaines, que les archéologues appellent volontiers aussi tuiles mérovingiennes. Notre savant ami, M. de Montaiglon, qui a bien voulu nous accompagner aussi dans une de nos visites à Baudement, a cru voir dans un débris de poterie grossière un fragment mérovingien, mais n'a pas pensé y trouver assez de certitude ni assez d'importance, pour que ce fait prît place dans nos inductions mieux fondées.

V.

Nous sommes portés à attribuer au xe siècle la forteresse de Baudement. Mais l'absence de date certaine, de tout document écrit, (on sait combien ils sont rares sur cette époque) nous réduit à procéder par analogie.

Nous savons par la tapisserie de Bayeux qu'il a existé des châteaux de tout point semblables à ceux que nous avons retrouvés.

Un texte du xiie siècle, cité par M. de Caumont, nous apprend que ces châteaux existaient encore au temps où vivait l'auteur. C'est le biographe de Saint-Jean, évêque de Thérouanne, qu'il appelle Morinie, du nom de l'ancienne peuplade gauloise. On sait quelle est l'exactitude et la précision des renseignements donnés par cet écrivain : il décrit en témoin oculaire. Son nom était Colmieu, et il était archidiacre de l'Église de Thérouanne : c'est au milieu du XIIe siècle qu'il écrivit la vie de l'évêque auquel il gardait un pieux souvenir.

C'est en racontant et pour bien faire comprendre une des aventures miraculeuses du saint évêque que l'hagiographe est amené à nous donner de précieux détails sur des constructions féodales, contemporaines de son héros et de lui-même. Le texte appartient au Recueil des Bollandistes, T. II. p. 799. M. de Caumont n'en a cité que la première partie, comprenant les faits d'architecture ; nous le compléterons, en y ajoutant le récit de l'aventure, qui en relève singulièrement la vérité et la portée.

M. de Caumont traduit ainsi :

« C'est l'usage de nos jours, pour les hommes les plus riches et les plus « nobles, ou pour ceux qui consacrent à peu près exclusivement leur temps « à satisfaire leurs haines privées par le meurtre, de se procurer avant tout « une retraite pour combattre leurs égaux avec avantage et pour opprimer « les faibles.

« Ils élèvent aussi haut qu'il leur est possible un monticule de terres trans- « portées ; ils l'entourent d'un fossé d'une grande largeur et d'une non « moindre profondeur. Sur le bord intérieur du fossé, ils plantent une palis- « sade de pièces de bois équarries et fortement reliées entre elles, qui équiva- « lent à une muraille. S'il leur est possible, ils soutiennent cette palissade « par des tours élevées de place en place. Au milieu du monticule ils bâtis- « sent une maison ou plutôt une forteresse, d'où la vue peut se porter de tous « les côtés également. Personne ne peut arriver à la porte de cette forteresse « que par un pont jeté sur le fossé et porté sur des piliers accouplés. Ce « pont part du point le plus bas, passe par dessus les fossés et s'élève gra- « duellement jusqu'à ce qu'il atteigne le sommet de la butte et la porte de « la maison, d'où le maître le domine tout entier. »

Il est évident que l'auteur d'une pareille description est peu favorable aux nobles et aux guerriers, et qu'il a plus de colère que d'admiration pour cette architecture militaire. Il parle d'ailleurs de coutumes déjà anciennes, mais non abandonnées entièrement ; on sait d'ailleurs que le XIIe siècle, alors déjà, inaugurait d'autres méthodes de défense.

Prenons cependant les faits tels qu'ils nous sont présentés. Le pont, après s'être élevé jusqu'au sommet de la butte, s'élevait encore jusqu'à la porte de la forteresse. Donc la porte était au-dessus de la plate-forme de la motte ; le pont coupé, on ne pouvait entrer que par une échelle.

Par quelques exemples de châteaux plus récents, nous savons qu'au XIIe siècle on avait commencé à construire des forteresses assises sur des collines, entourées d'autres petits forts Concluons que la forteresse de Baudement est d'une date antérieure : si l'on inaugurait à ce moment une nouvelle architecture militaire, ce n'est pas ce moment où l'on a pu construire, à grands frais, une forteresse de l'ancien système, qui ne pouvait se prêter à aucun changement. On peut donc affirmer que la motte de Baudement et sa forteresse ont été bâties au plus tard au XIe siècle, plus probablement même au Xe.

Le luxe avec lequel ce château fut construit et la simplicité de son plan, ne laissant pas de place aux fortifications accessoires, permettent de le reporter au milieu de la période des forteresses à motte, période de 4 ou 5 siècles, qui expire vers le XIIe siècle.

La suite du récit de l'hagiographe, négligée par M. de Caumont, n'est pas moins curieuse, même pour l'architecture féodale. Citons le texte même qui n'a pas encore été reproduit dans les discussions de ce genre.

« In hujus modo ergo asylo, *pontifice* (1) cum suo frequenti et reverendo « comitatu *hospitari* (2) quum ingentem populi turbam, tam in ecclesia « quam in atrio ejus, manûs impositione et sacri chrismatis unctione con- « firmasset, ut vestimenta mutaret, eo quod cœmiterium humandis fide- « lium corporibus benedicere statuisset, ad hospitium regressus est.

« Unde illo, ut propositum perficeret opus, descendente et circa medium « pontis, triginta quinque vel eo amplius pedum altitudinem habentis, « certà de causa subsistente, populi que non modica caterva ante et retro, « dextra lœvâ que circumstipante, continuo antiqui machinante hostis invi- « diâ, pons ponderi cessit, et dissipatus corruit, magnamque illorum homi- « num turbam cum episcopo suo ad ima dejecit. »

Traduisons :

« C'est dans une retraite de ce genre que l'évêque, avec son cortège nom- « breux et vénérable avait reçu l'hospitalité ; après avoir confirmé par l'im- « position de la main et par l'huile du saint chrême, une grande foule de « peuple, tant à l'intérieur de l'église qu'à l'entrée, voulant changer de vê- « tements parce qu'il avait résolu de bénir un cimetière destiné à l'inhuma- « tion des corps des fidèles, il revint chez son hôte.

« Au moment où il en descendait pour exécuter son dessein et où pour une « certaine cause il s'arrêtait au milieu du pont, qui avait une hauteur de « 35 pieds ou même davantage, un cortège nombreux de peuple le suivant « ou le précédant, l'entourant à droite et à gauche, tout à coup, par la per- « fidie et la haine d'un ancien ennemi, le pont céda sous le poids, se brisa en « deux et s'écroula en précipitant dans l'abîme un grand nombre de ces mal- « heureux et l'évêque lui-même. »

Hâtons-nous de dire que saint Jean de Thérouanne et son pieux cortège se tirèrent de la catastrophe sans accident, et réjouissons-nous du miracle avec

(1) Ce passage emprunté au Tome II *des Bollandistes*, ch. 6 § 26. page 799, a paru avec raison altéré par un copiste ; c'est *pontifex* qu'il faudrait lire au lieu de l'ablatif *Pontifice*.

(2) Le mot *hospitari*, infinitif passif, est de même inintelligible ; il faut lire *hospitatus*, participe passif passé se rapportant à *pontifex*, sujet de toute la phrase. On pourrait supposer encore que l'auteur a voulu faire usage d'un ablatif absolu, comme dans la phrase suivante, et il suffirait, en gardant *pontifice*, de remplacer *hospitari* par *hospitato*.

le biographe. Mais, faute de victimes, ramassons un meilleur butin. Si le saint prélat, si bien accompagné, avait des fidèles à droite et à gauche non-seulement devant et derrière, nous pouvons croire que le pont était large d'à peu près deux mètres et peut-être plus. Si l'on s'y risquait en si grand nombre, et s'il faut un crime du temps pour amener la chute, c'est que ces ponts avaient une certaine solidité, que probablement des soldats pouvaient s'y tenir en grand nombre pour lancer des traits, eux qui avaient peu de raisons pour compter sur des miracles. Si le pont enfin avait, en général, onze mètres d'élévation à son milieu, on a droit d'estimer à dix-huit mètres l'élévation de la butte qui le dominait.

Or nous avons marqué, pour le monticule de Baudement, quinze mètres au-dessus de l'assise de béton. Cette colline factice, construite tout exprès, n'a pu que s'abaisser. Il est donc probable qu'elle avait 16 ou 17 mètres de hauteur.

VI.

Le château et la motte de Baudement sont à peine mentionnés dans les actes du temps passé. MM. d'Arbois de Jublinville et Lognon, savants fort compétents, ont donné des notes dans lesquelles ils les ont cités. Mais l'une de ces citations est sans date, l'autre n'est pas antérieure au xve siècle, et toutes deux sans aucun intérêt.

Du reste il n'est pas étonnant que le château de Baudement ait peu fait parler de lui. La note sans date qu'a publiée M. Lognon mentionne qu'il fut de bonne heure réuni au domaine des comtes de Champagne.

Nous avons dit que les châteaux à motte ne se prêtaient nullement aux transformations et aux améliorations indiquées par les progrès de l'art militaire; ce qui s'est passé à Baudement en est une nouvelle preuve. A moins de cent mètres on construisit un autre château, à tourelles et à enceinte. Cet édifice est aujourd'hui à peu près détruit ; il était d'ailleurs peu important. Les rares débris qui subsistent nous ont paru appartenir au xive siècle. Il est évident que le château à motte n'a jamais été compris dans les constructions postérieures; il suffit de voir les lieux et l'importance relative des deux fortifications pour en être convaincu.

Si l'on admet avec M. de Caumont que les forteresses du xe siècle se composent d'une motte palissadée, d'un château et de plus d'une autre enceinte, placée entre les fossés extérieurs et les fossés intérieurs, protégeant la motte, nous avons trouvé entre la motte boisée de Baudement et Anglure, à l'extrémité d'un champ voisin, à 30 mètres environ de la butte, un fossé descendant à la rivière. Mais, après sept cents ans et plus, peut-on être certain de l'antiquité d'un fossé retrouvé ? M. de Caumont signale des fossés autour des plans nombreux relevés par lui de châteaux du x° et du xi° siècles ? mais les preuves d'authenticité lui font défaut.

Nous entrerions ici dans le domaine des hypothèses et nous nous arrêtons. L'existence des fossés indiqués dans notre coupe de restitution est seule indiscutable ; car elle est démontrée par l'intervalle existant entre les talus de défense et la base de la motte, deux parties également bétonnées, tandis que l'espace des fossés est rempli par des terres d'apport ou de remblai. C'est notre dernière conclusion.

Hippolyte de Vivès,

Bibliothécaire à la Bibliothèque Sainte-Geneviève.

approuvé :

Louis Bonnefont,

Professeur d'histoire au Lycée Fontanes.

AVIS. — S'il venait à quelque savant ou à un simple amateur le désir de visiter les ruines de la forteresse de Baudement, la station d'Anglure est à 2 kilomètres de Baudement. Nous préférions pourtant, pour gagner du temps, nous faire porter de Romilly à Baudement par Saint Just, ou par Marcilly, en prenant la petite voiture de l'excellent hôtel du chemin de fer, à Romilly. M. Jacnsens avait plaisir à nous conduire lui-même et connaissait à fond *son Tumulus*.

Les deux premières planches de plans et coupes sont, bien que très-exactes, à une échelle un peu petite. Les personnes qui s'intéresseraient à cette question archéologique pourront consulter avec profit les cartes et plans manuscrits, faits au cinq millième par des ingénieurs, qu'ils devront demander au cabinet des manuscrits de la Bibliothèque de Sainte-Geneviève.

Imprimerie A. Derenne, Mayenne. — Paris, boulevard Saint-Michel, 52.

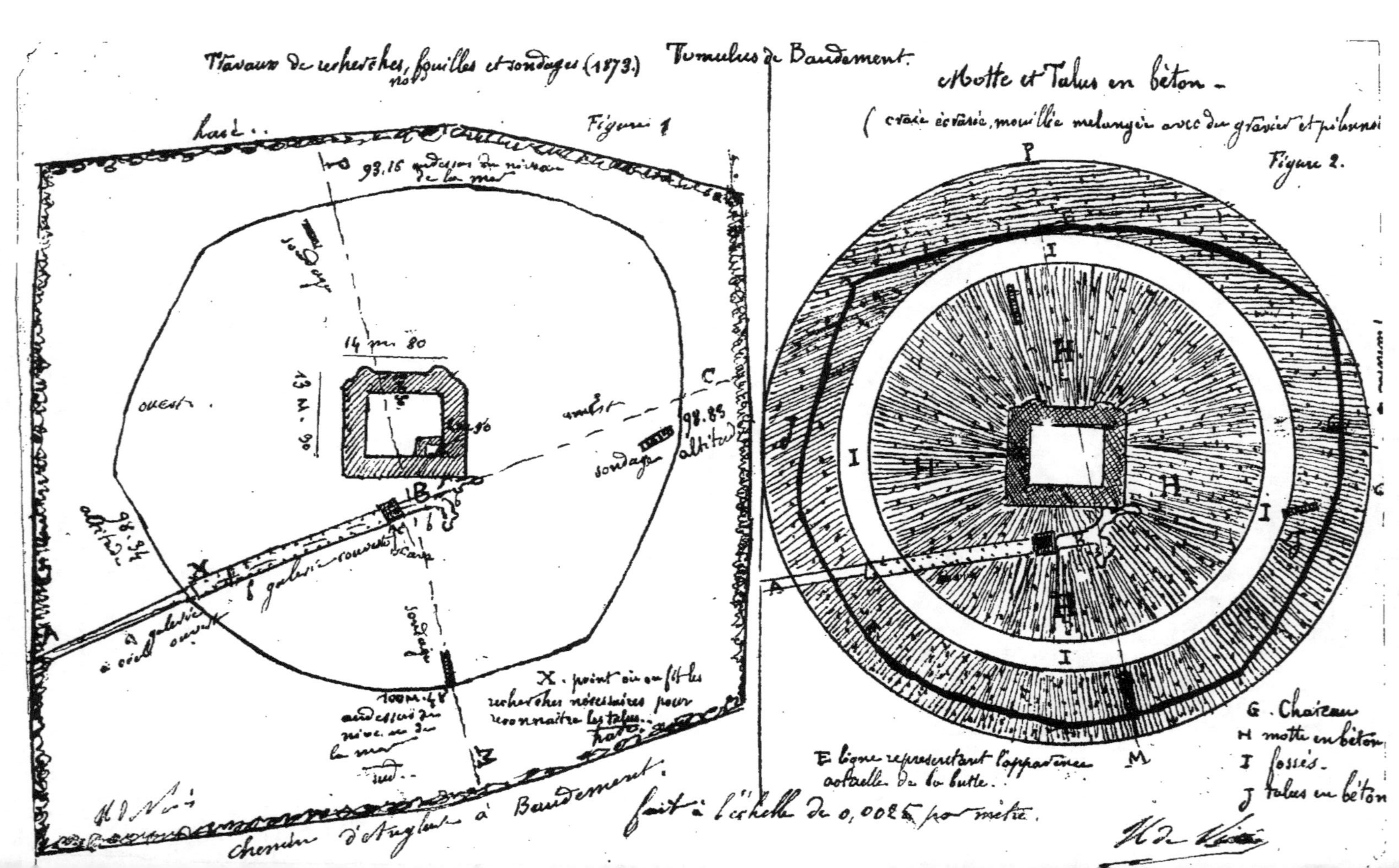
Travaux de recherches, fouilles et sondages (1873.)
Tumulus de Baudement.
Motte et Talus en béton -
(craie écrasée, mouillée melangée avec du gravier et pilonnée
Figure 1
Figure 2.
haut..
93.16 au dessus du niveau de la mer
14 m. 80
13 M. 90
ouest
est
C
98.83 altitude
sondage
B
98.34 altitude
X
galerie couverte
galerie à ciel ouvert
X. point où on fit les recherches nécessaires pour reconnaître les talus.
100 M. 48 au dessus du niveau de la mer
sud.
chemin d'Anglure à Baudement.
fait à l'échelle de 0,0025 par mètre.
P
A
M
H
I
E ligne representant l'apparence actuelle de la butte.
G. Chateau
H motte en béton
I fossés.
J talus en béton

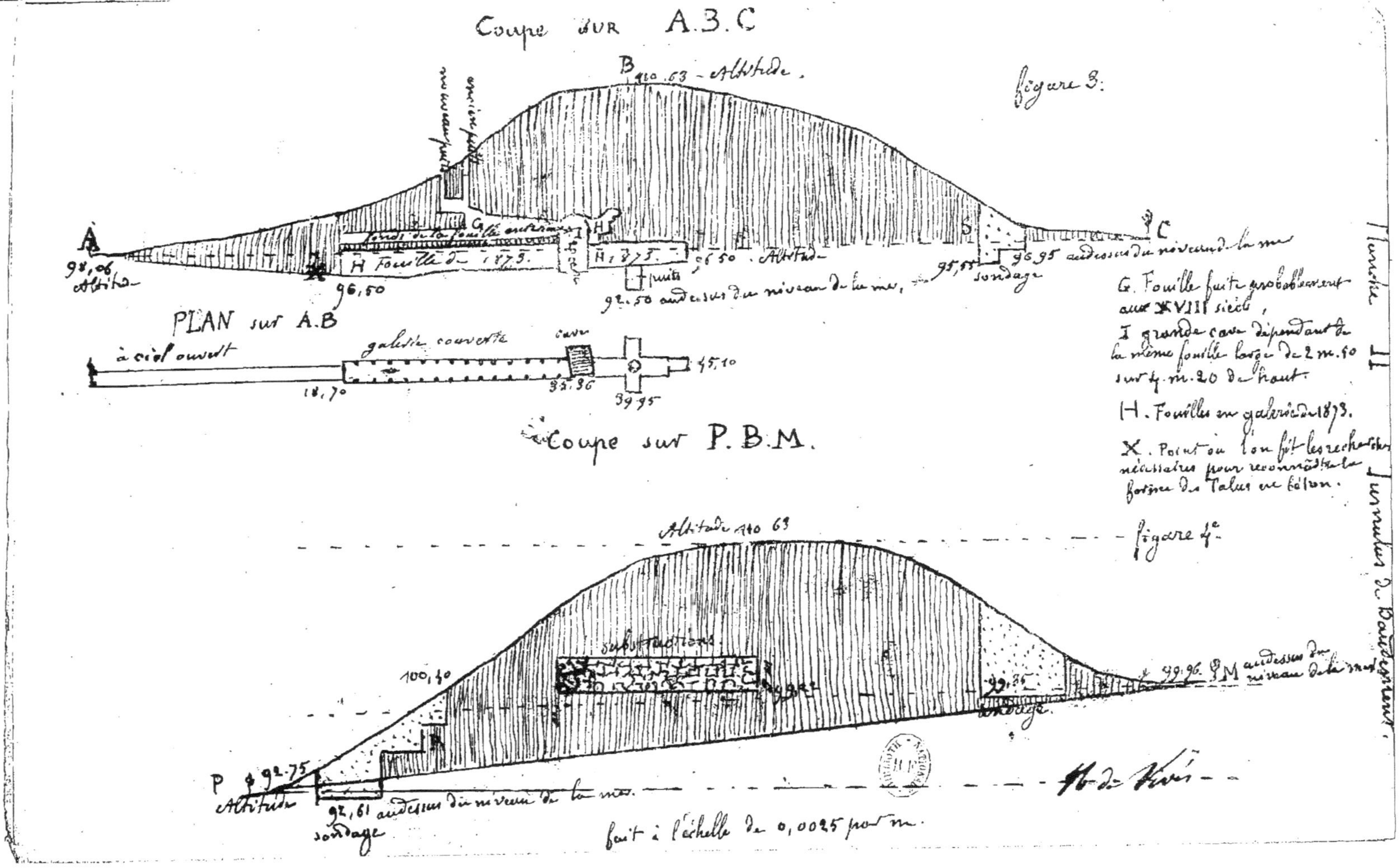

Planche II Tumulus de Baudesmont.

Coupe sur A.B.C

figure 3.

B 110.63 - Altitude.

A 98,06 Altitude

ancien puits

nouveau puits

G fonds de la fouille ancienne

H Fouille de 1873.

H, 1873.

96,50

96.50 . Altitude

puits

92.50 au dessus du niveau de la mer,

95,55 sondage

96.95 au dessus du niveau de la mer

C

PLAN sur A.B

à ciel ouvert

galerie couverte

cave

18,70

35.36

39.95

45,10

Coupe sur P.B.M.

G. Fouille faite probablement aux XVIII siècle,

I grande cave dépendant de la même fouille large de 2 m.50 sur 4 m.20 de haut.

H. Fouilles en galerie de 1873.

X. Point où l'on fit les recherches nécessaires pour reconnaître la forme du Talus en béton.

figure 4e.

Altitude 110 63

substructions

100,40

99.35 sondage

99.96 M au dessus du niveau de la mer

P 92.75 Altitude

92,61 au dessus du niveau de la mer.

sondage

fait à l'échelle de 0,0025 par m.

H. de Kéré

Planche III - Tumulus de Baudement.

Coupe détaillée des Talus de défense en béton.

Fig. 5.

Talus.

contrescarpe

glacis

Base de la fouille de 1873

Fossés

9 mètres 55 c.

fait à l'échelle de 0,02 par mètre.

Nota bene — On voit que bien que nous ayons notre base de fouille très bas, le terrain sur lequel étaient assis la grotte et les talus était encore un peu au-dessous.

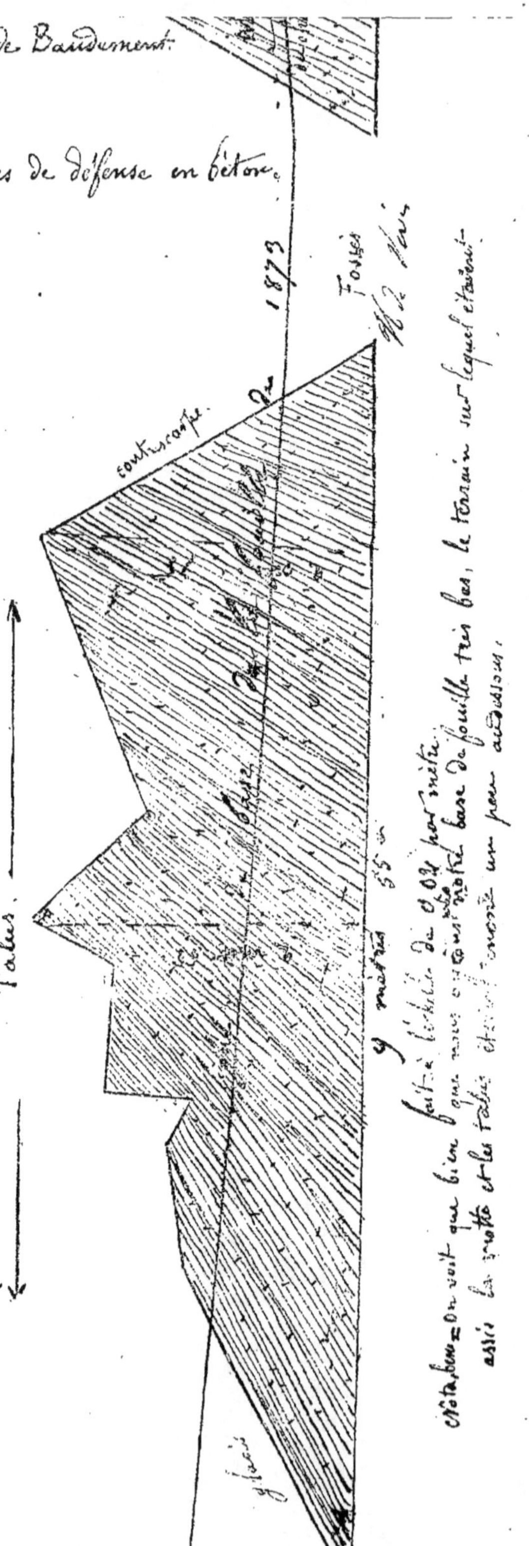

Planche IV. Tumulus de Baudement.

Fig. 6.

Coupe sur P.B.M montrant la manière dont la motte et les Talus de défense furent construits en béton étayeux.

Fait à l'échelle de 0,0025 pour mètre

A. Substructions du château.
B. Partie bétonnée de la Motte.
C. Talus en béton.
D. Fossés.
E. Plateforme de nivellement en béton.

Planche V. Tumulus de Baudement.

figure 7

RESTITUTION de la Motte et du chateau.

Coupe sur P. B. M.

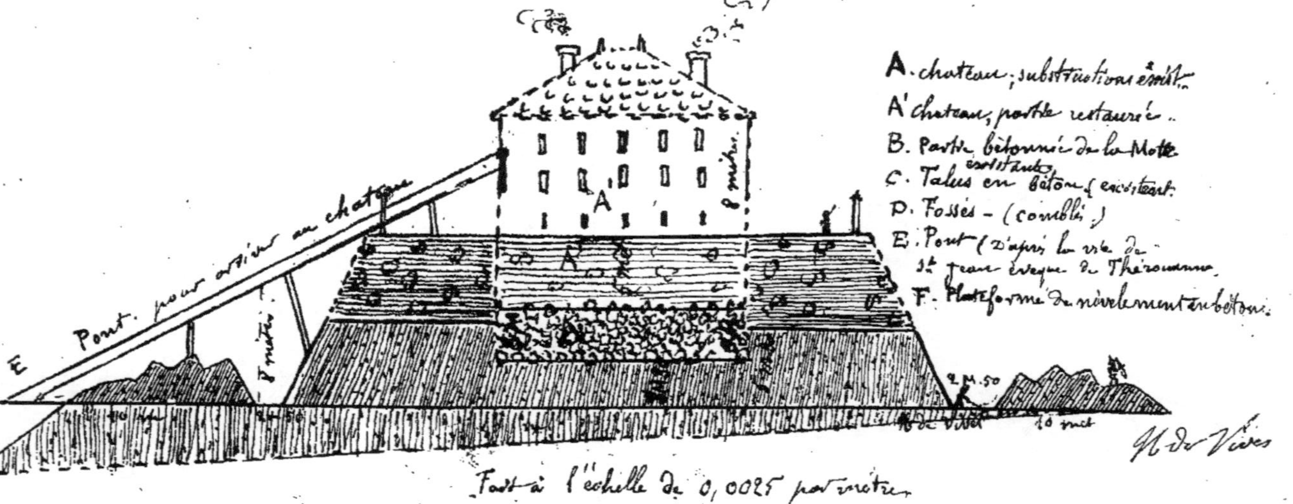

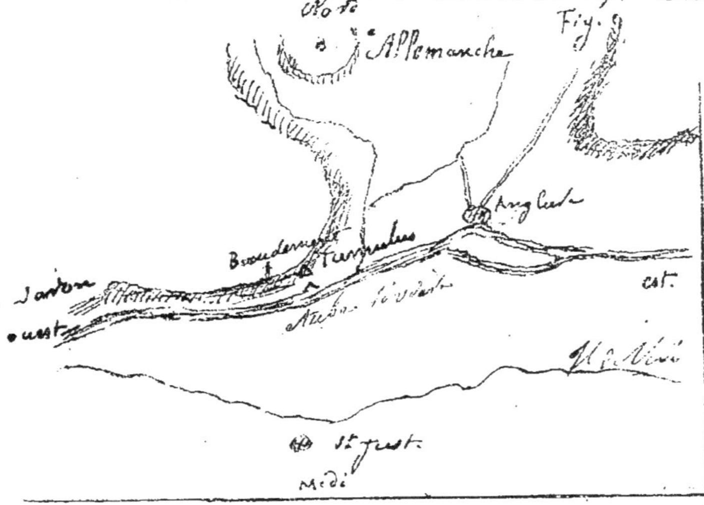

Carte des environs de Baudement d'après Cassini

Fig. 9

Allemanche

Anglure

Baudement

Tumulus

Sarron

ouest

est.

Aube rivière

St Just

Midi

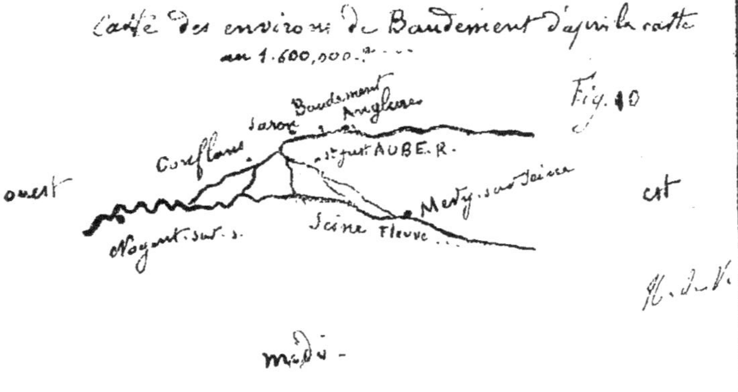

H. de L.

Carte des environs de Baudement d'après la carte au 1.600,000.e

Fig. 10

Baudement

Anglure

Sarron

Conflans

St Just AUBE. R.

ouest

est

Mery sur Seine

Seine fleuve

Nogent sur S.

H. de L.

Midi

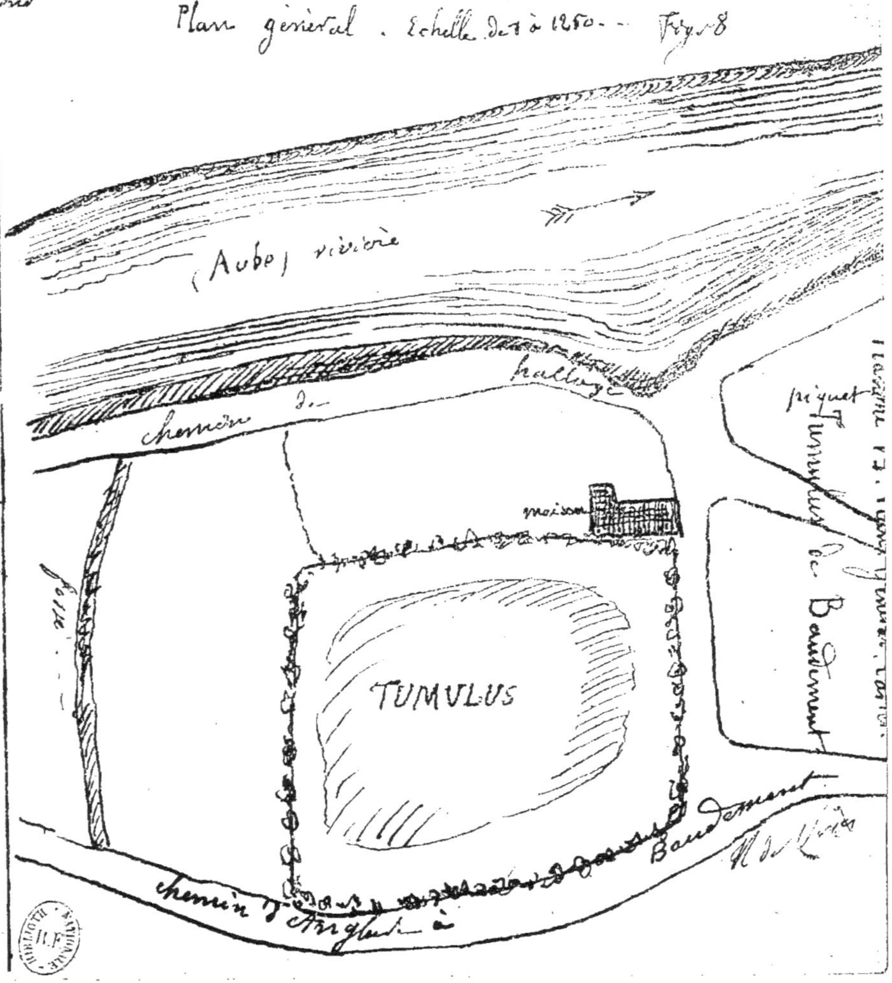

Plan général. Echelle de 1 à 1250. Fig. 8

(Aube) rivière

hallage

chemin de

maison

TUMULUS

fossé

chemin d'Anglure à Baudement

piquet

Tumulus de Baudement

H. de L.

TAPISSERIE DE BAYEUX.

Chateaux à motte avec talus et fossés.

DINAN.

Fig. 11e

Fig. 12

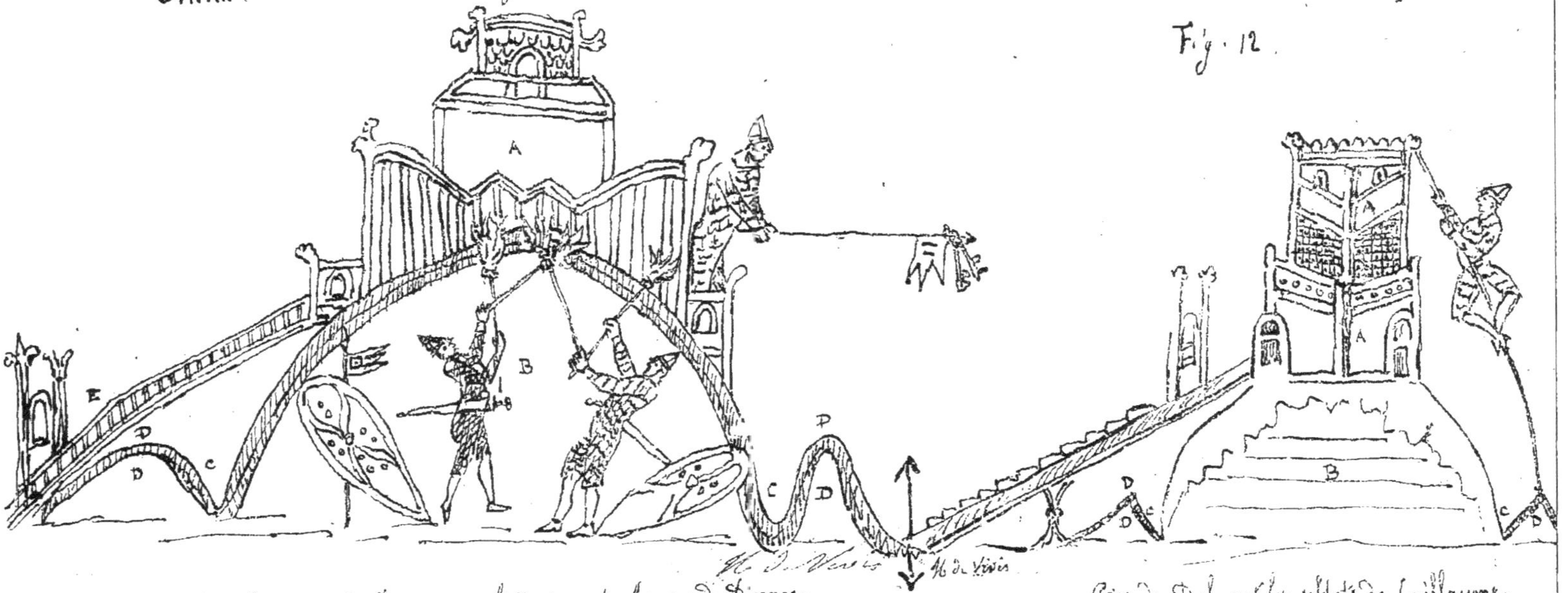

Les soldats de Guillaume combattent contre les gens de Dinan.

Conan rendit les clefs.

Prise de Dol par les soldats de Guillaume.

A Forteresses.
B Mottes.
C Fossés.
D Talus.
E Ponts pour arriver aux chateaux.

Planche VII. fig 11.

Tumulus du Baudemont.

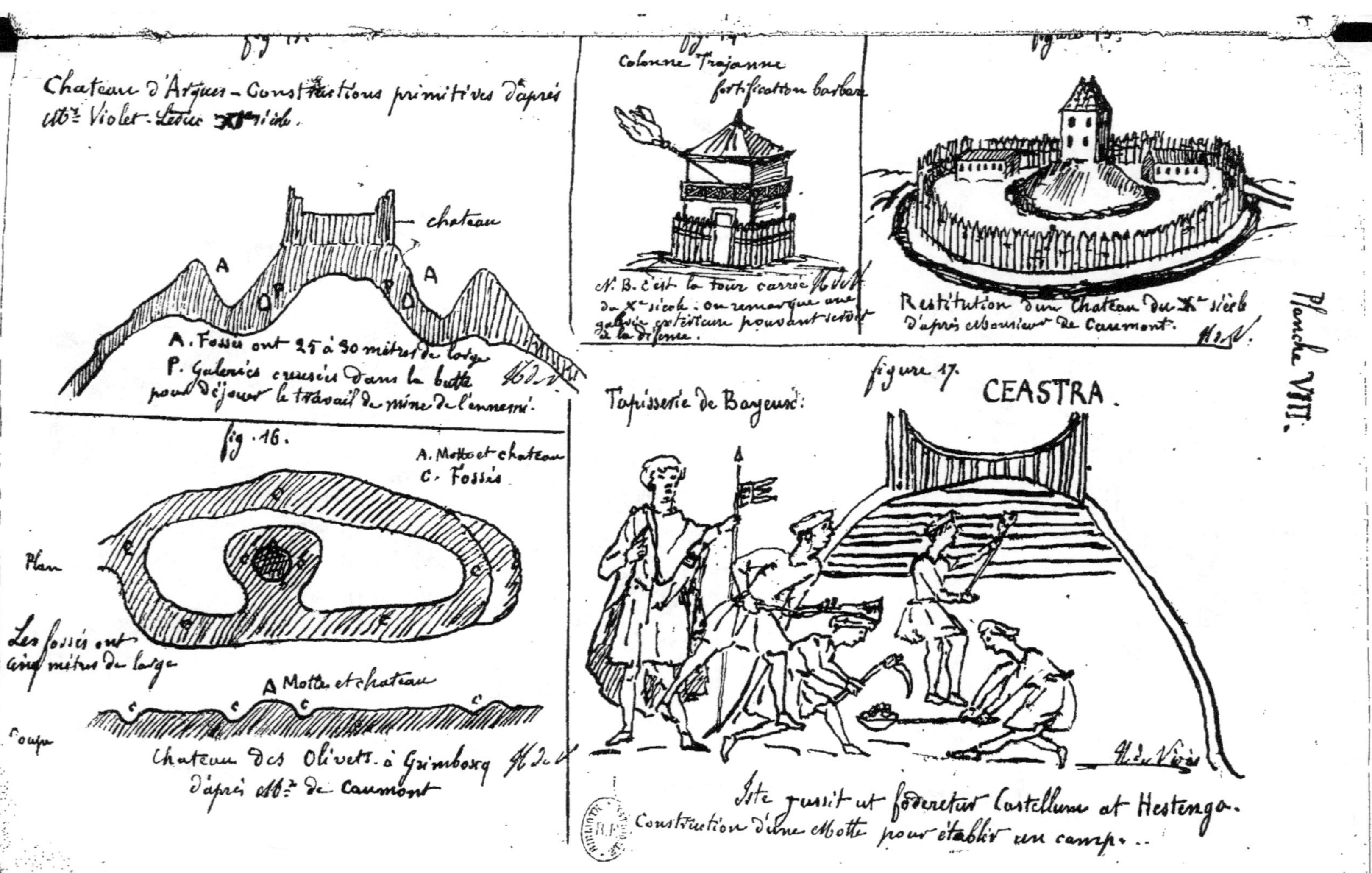

Planche VIII.
Chateau d'Arques – Constructions primitives d'après Mr Violet-Leduc XIe siècle.
chateau
A
P
A. Fossés ont 25 à 30 mètres de large
P. Galeries creusées dans la butte pour déjouer le travail de mine de l'ennemi.
fig. 16.
A. Motte et chateau
C. Fossés
Plan
Les fossés ont cinq mètres de large
A Motte et chateau
Coupe
Chateau des Olivets à Grimbosq d'après Mr de Caumont
Colonne Trajanne
fortification barbare
N. B. C'est la tour carrée du Xe siècle. On remarque une galerie extérieure pouvant servir à la défense.
Restitution d'un Chateau du Xe siècle d'après Monsieur de Caumont.
figure 17.
Tapisserie de Bayeux.
CEASTRA
Iste jussit ut foderetur Castellum at Hestenga.
Construction d'une Motte pour établir un camp...

www.ingramcontent.com/pod-product-compliance
Lightning Source LLC
LaVergne TN
LVHW010306230826
846091LV00007BB/2744
* 9 7 8 2 0 1 9 9 1 3 0 8 3 *